Günther Dichatschek
Helmut Leitner

Christsein in der Moderne 2

Günther Dichatschek
Helmut Leitner

Christsein in der Moderne 2

Freiwilligenmanagement / Ehrenamt als Herausforderung einer Erwachsenenpädagogik

Fromm Verlag

Imprint

Cover image: www.ingimage.com

Publisher:
Fromm Verlag
is a trademark of
Dodo Books Indian Ocean Ltd. and OmniScriptum S.R.L publishing group

120 High Road, East Finchley, London, N2 9ED, United Kingdom
Str. Armeneasca 28/1, office 1, Chisinau MD-2012, Republic of Moldova, Europe
Printed at: see last page
ISBN: 978-613-8-37939-3

Christsein in der Moderne 2

Freiwilligenmanagement / Ehrenamt als Herausforderung einer Erwachsenenpädagogik

Günther Dichatschek

Inhaltsverzeichnis

Vorbemerkung

Eine engagementfreundliche Freiwilligentätigkeit setzt Lernprozesse voraus, die bürgerschaftliches Engagement öffnen.

Eine Kultur freiwilliger Organisation, einer "Ehrenamtlichkeit" und Bürgerschaftlichkeit gemeinwohlorientiert bedarf Denkstrukturen, die Entwicklungen der Engagementsforschung und Erwachsenenpädagogik betreffen.

Ausgangspunkt der Überlegungen des Autors sind die ehrenamtliche Tätigkeit im Evangelischen Bildungswerk in Tirol im Vorstand, in Planung und Lehrender (2004-2009, 2017-2019) sowie Tirol - Redakteur der Evangelischen Kirchenzeitung für Österreich SAAT (2000-2008), des Fernstudiums Erwachsenenbildung im Comenius - Institut Münster der Evangelische Arbeitsstelle Fernstudium (2018) und des 10. Universitätslehrganges Politische Bildung/ Universität Salzburg -Klagenfurt (2008) sowie die Auseinandersetzung mit der Fachliteratur und themenbezogen publizistisch in Buchform.

Die Studie erhebt keinen Anspruch auf Vollständigkeit, vielmehr ist er eine Reflexion einer jahrelangen Auseinandersetzung von Lern- und Handlungsprozessen in den einzelnen Themenfeldern.

Zu danken ist Helmut Leitner für den Beitrag zur Mustertheorie und Gestaltungsethik, einem ausgewiesenen Kenner dieses Ansatzes (vgl. LEITNER 2007/2016).

1 Einführung

Eine zukunftsfähige Entwicklung von Freiwilligenorganisationen, bezeichnet synonym in ihren Tätigkeiten als Freiwilligenarbeit, Ehrenamt und bürgerschaftliches Engagement, ist gekennzeichnet durch keine Erwerbsarbeit, bezieht sich auf ein freiwilliges und gemeinwohlorientiertes Engagement.

Freiwilligenmanagement beschreibt eine

- Begleitung von Freiwilligen und Vorgesetzten (Hauptamtlichen) im Umsetzungsprozess und

- zu einer organisationsfreundlichen Kultur von Freiwilligkeit - Ehrenamtlichkeit über den Weg einer Förderung und Begleitung von Lern- und Entwicklungsprozessen.

Dieses neue Berufsfeld ergibt Lernimpulse für Politik, Praxis und die Erwachsenenpädagogik (vgl. die Bedeutung der Politischen Bildung in der Erwachsenenbildung; HUFER 2007, 300-311; HUFER 2016).

Es fordert ein Neu- und Umdenken heraus.

Demnach geht es um

- Aufgabenzuschreibungen von Vorgesetzten (Hauptamtlichen), Freiwilligen und dem Management,
- einem Brückenschlag von Erwachsenenpädagogik und Politischer Bildung mit multiperspektivischen Einsichten und
- dem Management im gesellschaftlichen, organisatorischen, professionstheoretischen und berufspraktischen Umfeld (vgl. DICHATSCHEK 2018b, 18-33, 62-78).

Freiwilligenarbeit entwickelt sich erst seit den neunziger Jahren zu einem politischen und gesellschaftlichen Thema.

Ein vielfältiges Engagement etwa im Sport, Organisationen, Vereinen und in sozialen Nischen, Jugendverbänden und NGOs rückt in das öffentliche Licht (vgl. HABECK 2015, 24).

- Es beginnt in Deutschland eine Engagementforschung (vgl. GENSICKE 2007, 63-73). Sie weitet sich schnell aus, vereinzelt werden in der Erwachsenenpädagogik Themen wie Lernen und Bildung und Engagement im Alter aufgegriffen (vgl. KEGEL 2011, 595-610; SIEBERT 2012).
- Ein Struktur- und Motivwandel von Freiwilligen kommt in Engagiertenformen und Funktionen zum Ausdruck. Veränderungen sind in kurzfristigen und projektförmige Formen und mitunter einem teilweisen professionellen Charakter erkennbar.
- Aus der Vielfalt der Formen wählen Freiwillige biographisch passend ihre persönlichen Ziele, auch Lern-und Entwicklungsmöglichkeiten.

- Gravierende Folgen ergeben sich für die Organisationen, es geht um die Zukunftsfähigkeit und Zukunftssicherung bei knappen Ressourcen. Ein Innovationsbedarf im Personalmanagement ist erkennbar (vgl. ZIMMER - FREISE 2003, 126-127).
- Bedeutungsvoll erweisen sich hier hauptamtliche Freiwilligenmanager mit Koordinationsaufgaben und einer Weiterentwicklung der jeweiligen Organisation strukturell, kulturell und strategisch.

In Organisationen mit langjähriger Tradition wie im Sport und in Kirchen ergeben sich Aufgaben der Gewinnung, Begleitung, Förderung und Fortbildung Freiwilliger (vgl. EBERTZ 1986, 142-162). Im Kontext ergibt sich eine Veränderung von Rollenprofilen Hauptamtlicher und Freiwilliger.

Die Zurückhaltung der Erwachsenenpädagogik erklärt sich mit ihrem Professionalisierungsverständnis und zugeschriebenen Kernkompetenzen Planen und Organisieren, Unterrichten und Beraten (vgl. ARNOLD - NUISSL - ROHS 2017, 185).

2 Engagementforschung - Entwicklungen

Im Folgenden geht es um die Wandlungstendenzen, Organisationsformen und das Freiwilligenmanagement.

2.1 Wandlungstendenzen

Eine Analyse des Themenbereichs unter den Aspekten der Engagementforschung ergibt einen Wandel im bürgerschaftlichen Engagement.

Betroffen sind soziale Einrichtungen, Organisationen, Vereine, Verbände und Gemeinden, womit hauptamtliches Personal zunehmend notwendig wird oder Aufgabenbereiche zurückgefahren werden müssen (vgl. HABECK 2015, 23-36).

Ab den achtziger Jahren zeichnen sich vielfältige Wandlungstendenzen ab.

Ursachen sind

- ein gesellschaftlicher Bedeutungswandel von Engagement,
- der Strukturwandel des Ehrenamtes und

- der Motivwandel von Engagierten.

Annette ZIMMER und Stefan NÄHRLICH (2000, 9) vermerken in ihrer Publikation eine Konjunktur von bürgerschaftlichem Engagement in Politik und Wissenschaft.

Wobei aktuell ein Bedeutungszuwachs zu vermerken ist.

Dies zeigt sich beispielhaft in Tagungen,

- in Österreich der Workshop "Ehrenamt - Freiwilligkeit/ Freiwilligenkoordination" der Arbeitsgemeinschaft Ehrenamt des Rings Österreichischer Bildungswerke, 22.-23.4.2013 in Wien, 2011 "Jahr der Ehrenamtlichkeit" der Evangelischen Kirche in Österreich (vgl. ausführlich DICHATSCHEK 2018b, 12-14), im "Tag des Ehrenamtes", wie es die UNO empfohlen hat,
- in Deutschland an der Arbeit der Enquete - Kommission des Bundestages "Zukunft des bürgerschaftlichen Engagements" und in Publikationen mit unterschiedlichen Aspekten zur Thematik (vgl. ROSS 2010, 10-46).

Die Frage nach dem Grund für diese Entwicklungen im deutschsprachigen Raum mit Tradition im Ehrenamt ist von Interesse.

- Änderung der gesellschaftlichen Bedeutung (vgl. ROSS 2010, 26),
- Ehrenamt wichtiger Bestandteil einer Zukunftsfähigkeit (vgl. ROSS 2010, 27),
- Engagement sinnstiftende Funktion,
- Schaffung eines sozialen Kapitals als Gegenmaßnahme sozialer Verarmung,
- Engagement als Bestandteil einer lebendigen Demokratie mit Mitwirkung und Mitbestimmung sowie
- Qualitätssteigerung durch fachliche Expertise (vgl. ROSS 2010, 31).

Die unterschiedlichen Bezeichnungen ergeben mitunter unterschiedliche Bedeutung freiwilliger Tätigkeiten.

- Die Bezeichnung "Ehrenamt" vermittelt ein Verständnis von Ehre als Lohn.
- Freiwilliges Engagement ist in Anlehnung des Konzepts "volunteerings" im angelsächsischen Raum zu sehen.

Freiwilligenarbeit ist mit den zwei Aspekten "freiwillig" und "Arbeit" zu sehen.

- Arbeit ist im Allgemeinverständnis ein bezahlter Wert, Freiwilligkeit unbezahlter Wert.
- Freiwilligenarbeit wird daher als Bezeichnung oft vermieden.

Bedeutungsvolle Bereiche für bürgerschaftliches, ehrenamtliches und freiwilliges Engagements sind die Felder

- Soziales, Kultur und Sport in Deutschland rund 40 Prozent freiwilliger Tätigkeiten,
- wenn Kirche dann besonders im diakonischen - caritativen - kulturellen und verwaltenden Bereich zu sehen (vgl. ZIMMER 2011, 15).

Tendenzen zu einem individualisierten Ehrenamt und den angeführten Motivänderungen sind deutlich feststellbar.

Von der traditionellen Motivlage (Dienst - und Pflichtbewusstsein) zu einer neuen Motivstruktur (Selbstverwirklichung) und unterschiedlicher gleichzeitiger Motivbündel ist realistisch auszugehen (vgl. OLK - HARTNUSS 2011, 710).

2.2 Organisationsformen

Bürgerschaftliches Engagement ist größtenteils in Organisationen verortet (vgl. RAUSCHENBACH - ZIMMER 2011, 12).

Die Organisationsformen sind heterogen und in ihren Einrichtungen in verschiedener Größe, Finanzstärke, Zielsetzung und Rechtsform.

Geläufig sind Vereine, Verbände, Stiftungen, Parteien und kirchliche Einrichtungen.

Inwieweit längerfristige Bindungen gelingen hängt von entsprechenden Gelegenheitsstrukturen ab, wobei eine persönliche Attraktivität im "neuen

Ehrenamt" mit Organisationskultur und persönlicher Weiterentwicklung zunehmend von Bedeutung ist.

Innovative Ideen und spezifische Leistungen, verbunden mit Fortbildungsangeboten und ggf. beruflicher Perspektive erhöhen die Chancen auf neue Mitglieder.

Damit ist der Kontext zur Erwachsenenbildung und Weiterbildung gegeben (vgl. private Bedeutung, biographische Didaktik; SIEBERT 2012, 84-85; DICHATSCHEK 2018b, 62-98).

Eine Kooperation mit erwachsenenpädagogischen Organisationsformen im tertiären und quartären Bereich wird zunehmend notwendig (vgl. Kurse, Lehrgänge, Online - Lernen, Fernstudium).

Institut für Kirchenrecht und Evangelische Kirchenordnung
o. Univ.-Prof. Dr. Gustav Reingrabner · Institutsvorstand

EVANGELISCH-THEOLOGISCHE FAKULTÄT

Herrn
Dr. Günther DICHATSCHEK

6370 Kitzbühel

TEILNAHMEBESCHEINIGUNG

Wien, am 16.01.2002

Hiermit wird bestätigt, daß Herr Dr. Günther DICHATSCHEK am Studientag "Unternehmenskultur in der Kirche?" mit Erfolg teilgenommen hat.

o.Univ.Prof. Dr. Gustav Reingrabner
- Institutsvorstand -

Institut für Kirchenrecht und Evang. Kirchenordnung · Ev.-Theol. Fakultät - Universität Wien

A-1090 Wien · Roosevelsplatz 10/8
Telefon (+43-1) 4277-330-14 oder 01 · Telefax (+43-1) 4277-9330 · E-Mail: kirchenrecht-evang@univie.ac.at

2.3 Freiwilligenmanagement

Aufgabenbereiche eines Freiwilligenmanagements ergeben sich daraus auf die operative und verwaltende Ebene (vgl. BIEDERMANN 2012, 60-62; in Österreich liegt eine mögliche Schwerpunktsetzung auf einer Freiwilligenkoordination).

- Bedarfsanalyse und Aufgabenprofile von Freiwilligen,
- Gewinnung von Freiwilligen,
- Förderung der Kooperation von Freiwilligen und Hauptamtlichen,
- Begleitung, fachliche Unterstützung, Qualifizierung Freiwilliger und Hauptamtlicher,
- Qualitätssicherung durch Evaluation und
- Anerkennung des Engagements.

3 Erwachsenenpädagogik - Entwicklungen

Der Beitrag geht davon aus, dass der Bereich eine erwachsenenpädagogische Dimension beinhaltet.

3.1 Bildungsbereich

Die angeführten Begründungslinien führen zur Verortung in der Erwachsenenpädagogik, wobei der tertiäre und quartäre Bildungsbereich angesprochen sind.

Die einschlägige Fachliteratur verbindet Lernen bzw. Qualifizierung mit dem Bildungsbegriff.

Bildung benötigt eine altersstufengemäße Pädagogik.

Eine fachspezifische Lernkultur ergänzt das Aufgabenfeld und die Lernbedürfnisse (vgl. den IT - Autorenbeitrag Erwachsenenbildung in diesem Netzwerk; vgl. DICHATSCHEK 2018a).

Die Erwachsenenpädagogik in ihren Institutionen ist herausgefordert, auf diesen Bedarf mit Qualifizierungs- und Fort- bzw. Weiterbildungsangeboten zu reagieren (vgl. NOLDA 2008, 124 zur offiziellen Wertschätzung von Erwachsenenbildung; NOLDA 2008, 88 und HOLZER 2017 zu den verschiedensten Dimensionen und Aspekten eines Lern- und Weiterbildungswiderstandes).

Die Bildungspolitik ist in der Pflicht,

- Erwachsenenbildung im Hinblick auf eine Sozialintegration und Lebensgestaltung zu unterstützen (vgl. ARNOLD - LERMEN 2005, 45-59; BRÖDEL 2006, 70-78; HABECK 2015, 52),
- zu beachten sind die EU - Forderungen eines "lebenslangen Lernens", der Erwachsenenbildung und der "Wissensgesellschaft"/ EU - Kommission 2000, 2006).

3.2 Professionalität

Das berufliche Selbstverständnis der Erwachsenenbildner als Lernvermittler bietet sich im Berufsfeld Freiwilligenmanagement bzw. Koordination als eine Möglichkeit an (vgl. FAULSTICH - ZEUNER 2008, 20; NOLDA 2008, 113-121).

Ein zentrales Potential im Selbstverständnis der Erwachsenenpädagogik liegt in der Partnerschaftlichkeit zu ihren Bezugsgruppen und einer intermediären Position (vgl. HABECK 2015, 54).

Eine berufsspezifische Professionalität beinhaltet

- das Fachwissen, eine Handlungsorientierung, eine Fort- bzw. Weiterbildung und Kompetenz und Performanz.
- Im Kontext kirchlicher Erwachsenbildung ist eine Professionalität Ehrenamtlicher mit den Aspekten einer Nähe zum sozialen Raum, den Bedürfnissen der Gemeinde und Gruppierungen zu beachten (vgl. HOHMANN 2007, 134).

Mit der Öffnung der Erwachsenenbildung für ein bürgerschaftliches Engagement wird in Österreich aktuell mit der zunehmenden Beachtung der Politischen Bildung in den Veranstaltungsangeboten ein erster Schritt vollzogen.

Damit sind Lernkulturen für die spezifische Klientel einzufordern.

Es stellt sich die Frage nach der Qualifizierung der Erwachsenenbildner, wobei von der Basisausbildung auszugehen ist und die zusätzlichen Angebote der Weiterbildung vermehrt einer Unterstützung bedürfen.

4 Leadership im Aufgabenbereich

Im Umgang mit Freiwilligen zeigt sich neben einer fachlichen Qualifizierung die Führung als grundlegende Aufgabe in den angeführten Kontexten und Modellen einer Ehrenamtsqualifizierung.

Vorfeld - Informationsvermittlung, Gewinnung Freiwilliger, Vorbereitung für Kompetenzerwerb für das Engagement

Begleitung - Anerkennung des Engagements, Vernetzung der Freiwilligen, Erfahrungsaustausch, Professionalisierung

4.1 Kontexte

- aufgabenorientierter Kontext - Besprechungsleitung mit Vorbereitung - Tagesordnung - Einladung - Koordinierung, Organisation der Aufgaben und Anstehendes mit Planung,
- personenorientierter Kontext - Unterstützung, Begleitung und Förderung des Engagements, Austausch und Rückmeldungen, Fehler und Schwierigkeiten,
- partizipationsorientierter Kontext - Begleitung und Unterstützung, Beschaffung des notwendigen Equipments, Koordination und Organisation sowie
- Rollenübernahme - Koordinator, Moderator, Berater. Konfliktmanager, Repräsentant, Verhandlungsführer, Begleiter/ Mentor, Ansprechpartner, Unterstützer, Netzwerkmanager

4.2 Modelle

Modelle der Ehrenamtsqualifzierung

- aufgabenbezogen - innerorganisationales und non-formales Lernen, spezifisches Fachwissen und Kompetenzen
- personenbezogen - informelles Lernen und ergänzende externe Fortbildungsangebote mit situativen Lernanlässen

- projektbezogen - organisationales Lernen und projektbezogenes Anwendungswissen mit Kompetenzen

5 Schlussbetrachtung

5.1 Persönliche Reflexion

Die reflexive Betrachtung soll eine Einordnung der Ergebnisse aus der Engagementsforschung und Erwachsenenpädagogik zusammenfassen und einen Blick in die Zukunft des Freiwilligenengagements weisen und zur Förderung einer engagementsfreundlichen Gesellschaft in ihrer Breitenwirkung helfen.

Der Beitrag beruht auf einer jahrelangen praktischen Erfahrung im Bildungsbereich mit Freiwilligen in der Erwachsenenbildung und Lehre im quartären Bildungsbereich.

Daraus ergibt sich die Notwendigkeit einer Aus- und Fortbildung in Erwachsenenpädagogik,

als Grundbildung in der Weiterbildungsakademie Österreich in den Bereichen Bildungsmanagement und Lehre - Training -Gruppenführung und

Fortbildung im Fernstudium der Evangelischen Arbeitsstelle Fernstudium des Comenius - Instituts Münster und thematischer Spezialisierung im Universitätslehrgang Politische Bildung/ Universität Salzburg - Klagenfurt.

In der Folge kommen Publikationen zu Lernkulturen der Erwachsenen- bzw. Weiterbildung und einer Theorie und Praxis Evangelischer Erwachsenenbildung.

Als hilfreich erweist sich aktuell jeweils der Kontext zur Politischen Bildung.

Eine Schlüsselfunktion erweist sich die Auseinandersetzung mit der einschlägigen Fachliteratur und dem Besuch einer Tagung zum Ehrenamt in der Erwachsenenbildung.

Diplom

Dr. Günther Dichatschek, MSc

geboren am 06.07.1942

hat am 30. Jänner 2009 das wba-Diplom

Diplomierter Erwachsenenbildner
Schwerpunkt
Bildungsmanagement

(60 ECTS) erworben.

Wien, am 30. Jänner 2009

wba-Leiterin
Mag.ª Karin Reisinger

BIfEB-Direktorin
Dr.in Margarete Wallmann

bifeb)
bundesinstitut für erwachsenenbildung

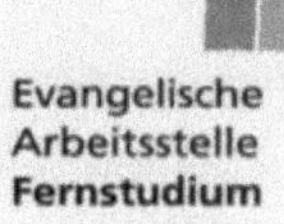

Zertifikat

für

Herrn
Dr. Günther Dichatschek MSc

über den erfolgreichen Abschluss des Fernstudiums

Grundkurs Erwachsenenbildung

Münster, den 22. März 2018

Dr. Gertrud Wolf
Leiterin der
Evangelischen Arbeitsstelle Fernstudium
im Comenius-Institut e.V.

5.2 Professionalisierung

Im Kontext einer Professionalisierung des Freiwilligenengagements geht es auch um die Entwicklung eines Berufsfeldes.

Ergeben kann sich die Ausrichtung etwa als Gemeindepädagogen, Jugendreferenten, Behindertenhelfer und Mitarbeitende in der Erwachsenenbildung.

Selbstverständlich ergeben sich berufspraktische Spezialisierungen in allen anderen Organisationen, Verbänden, Vereinen und Gruppierungen gesellschaftlicher Initiativen mit ihren Aufgabenbereichen.

Anzudenken ist vermehrt die Aus- und Fortbildung bzw. Weiterbildung in Kooperation mit dem tertiären und quartären Bildungsbereich.

Frau/Herr

Günther Dichatschek

hat an folgendem Seminar teilgenommen:

Kreative Entwicklung hochschuldidaktischer Methoden

von 9. bis 11. Dezember 2009

Trainer: Mag. Oliver Schrader
Mag. Michael Stadlober

Mag. Gerda Mraczansky
Leiterin Personalentwicklung
der Universität Wien

Seminarleitung

Teilnahmebestätigung

Universität Wien – Personalentwicklung, Dr.-Karl-Lueger-Ring 1, A-1010 Wien
T: +43 (0)1 4277 DW 12331 | F: DW 12339 | E: personalentwicklung@univie.ac.at, http://personalentwicklung.univie.ac.at

Zertifikat HSD+

Herr
Dr. Günther DICHATSCHEK, MSc

hat den

internen Lehrgang für Hochschuldidaktik

HSD+ **Erweiterungslehrgang (WS 2015/16)**

an der Universität Salzburg im Ausmaß von 2 ECTS-Credits erfolgreich abgeschlossen.

Salzburg, am 25. Februar 2016

Univ.-Prof. Dr. Jörg Zumbach
Lehrgangsleitung

Univ.-Prof. Dr. Erich Müller
Vizerektor Lehre

Ao.Univ.-Prof. Dr. Rudolf Feik
Vizerektor QM & PE

Personalentwicklung

5.2.1 Spezialisierungen in Erwachsenenpädagogik

Die Spezialisierung im quartären Bildungsbereich der Erwachsenenbildung sollte zum Tragen kommen in der

- Allgemeinen Erwachsenenbildung mit Sprachkursen und interner Ausbildung,
- Beruflichen Erwachsenenbildung mit berufspraktischen Kursen und Weiterbildungsangeboten,
- Betrieblichen Erwachsenenbildung berufsintern mit situativen Angeboten und
- Politischen Erwachsenenbildung mit Angeboten in sozio - ökonomischen - ökologischen Fragen.

Im tertiären Bildungsbereich kann Erwachsenenpädagogik an den FH und Universitäten mit

- Online - Lernen, Kursen, Lehrgängen und
- situativen Lehr- und Lernangeboten die notwendigen Bemühungen ergänzen.

Eine spezifische Hochschuldidaktik in Verbindung mit der jeweiligen Fachdidaktik wäre denkbar.

5.2.2 Gemeindevertretung einer Evangelischen Pfarrgemeinde

Für den Bereich des Verwaltungsgremiums einer Pfarrgemeinde bedarf es in einem Wahlverfahren ehrenamtlicher Bewerber_innen für die Periode ihrer Amtstätigkeit, wobei der Tätigkeitsbereich bestimmte Aufgabenfelder umfasst (vgl. https://www.kirchenrecht.at/pdf/39212.pdf [17.1.2023]; Art 33-36).

Aus der Verantwortung für eine Institution/ Öffentliche Körperschaft mit eigener Rechtsordnung/ Kirchenrecht und in der Folge Besetzung von Gremien nach dem Kirchenrecht in einem Filterwahlrecht ergeben sich Fragen

- der Qualifikation bzw. Kompetenz,
- der internen und externen Personalentwicklung bzw. Aus- und Fortbildung,

- der Beratung, Unterstützung bzw. Begleitung,
- der Mitarbeiterführung,
- der Bestellung bzw. Wahl in die nachfolgenden Gremien bzw. Aufgabenbereiche/ Referate und
- einer Anerkennungskultur.

IT - Hinweise

- https://evang.at/die-faehigkeiten-der-menschen-werden-in-der-kirche-gebraucht/ (17.1.2023)
- https://evang.at/projekte/wahlen-2023/ (18.1.2023)
- https://www.sn.at/leserforum/leserbrief/gemeindevertretungswahlen-mitbestimmung-und-mitverantwortung-132842464 (20.1.2023)
- https://evang.at/stand-up-4-change-junge-menschen-sollen-kirche-mitgestalten/ (25.1.2023)

6 Perspektive der Mustertheorie und Gestaltungsethik (Helmut Leitner)

Mustertheorie und Gestaltungsethik erlauben eine eigenständige Perspektive auf das Thema Freiwilligenarbeit bzw. Freiwilligkeit.

6.1 Ausgangspunkt

Der vorhandene Beitrag

wird als Leistung des Autors im Sinne der Integration relevanter Literatur verstanden und anerkannt,

ist somit Ausgangspunkt, nicht die referierte oder zitierte Literatur, also reflektiert wird die Literatur durch das Verdolmetschen des Artikels.

Der Reflektierende ist kein Experte des Freiwilligenmanagements, versteht sich als Wissenschaftler, Empiriker und Systemtheoretiker; ist gelernter TU - Chemiker für physikalische und theoretische Chemie, Informatiker der gesamten PC - Ära, Internet - Ära und Social - Media - Ära, versucht "als Zwerg auf den Schultern" von Karl Popper, Frederic Vester und Christopher Alexander zu stehen (chronologische Reihenfolge; auch im Sinne einer

Integration von Denkweisen, Methoden und Haltungen). DeWikiPedia:Zwerge_auf_den_Schultern_von_Riesen reflektiert mit den Mitteln der Logik, der Vernunft, der Systemanalyse, der Mustertheorie, der Lebenserfahrung und des gesunden Menschenverstandes in der Erwartung, dass eine Wahrheit der anderen Wahrheit nicht widersprechen kann (Galileo Galilei).

Weiß sich eins mit dem Autor in der Haltung, dass es sich bei dem Artikel um einen lebendigen Text handelt, dessen Kanon der Literatur durch den Autor gewartet wird, wie seine Bewertung der Literatur und der Argumenten. Es wird zwar nach maximaler Qualität gestrebt, aber ohne den Anspruch von Perfektion und Vollständigkeit zum jeweiligen Zeitpunkt zu stellen, ist dankbar für die Offenheit des Autors, den Artikel für seinen Beitrag zu öffnen.

Die Motivation für die Beteiligung speist sich aus der "Freiwilligenarbeit" des Reflektierenden, also der persönlichen Betroffenheit durch das Thema, aus einer Sprödigkeit des Artikels, der offenbar der Literatur und nicht dem Autor zuzuschreiben ist, aus der potenziellen Widersprüchlichkeit des Titels "Freiwilligenmanagement" (den ich auch als unbezahlte Arbeit, Selbstbeauftragung, oder Selbstermächtigung sehen kann), der die Organisation von Freiwilligenarbeit durch erwerbstätige Manager (und damit eine mögliche Ausbeutung des Freiwilligen) mitzudenken gestattet, speist sich aus dem Gefühl, dass die Themen der gesellschaftlichen Sinnhaftigkeit und Notwendigkeit (auch in Form der zentralen mustertheoretische Fragen des "Was? Warum? Wie?) vieler Freiwilligenarbeit in der referierten Literatur nicht adäquat vorzukommen scheint. Vielleicht löst sich dieser Eindruck bei einem genaueren Hinschauen und bei Erläuterungen des Autors zur wahrgenommenen Abstraktheit des Textes auf. Das wünsche ich mir sehr.

6.2 Begrifflichkeit "Freiwilligenarbeit"

Der Artikel referiert, dass der Begriff Freiwilligenarbeit oft vermieden wird, weil Arbeit primär als Erwerbsarbeit verstanden würde bzw. zu verstehen ist oder sei.

Dagegen:

- ist eine Grundthese der Mustertheorie, dass die edelste Arbeit – die Gestaltung von Dingen der menschlichen Kultur – vorwiegend dann gelingt, wenn der Aspekt des persönliche Vorteils des Gestalters gegenüber der Förderung des Lebens in den Hintergrund tritt. Dies kann in ein Gebot gefasst werden: Wenn du ein hervorragender Gestalter werden oder sein möchtest „Gestalte für das Leben, nicht für Profit".

- in historischer Entwicklung erkennt man Arbeit lange vor der später entstehenden Erwerbsarbeit, lange vor der menschlichen Zivilisation. Sucht man nach einer tiefgründigeren Bedeutung von Arbeit, so lässt sich diese in der fundamentalen Innovation der Arbeitsteilung, der Spezialisierung auf Tätigkeiten, die der einzelne Mensch gut und gerne macht, dingfest machen. Die Arbeitsteilung, die viel effizienter ist, als wenn jeder alles was er selbst braucht auch selbst herstellen würde, ist der eigentliche „Turbo" die menschlichen Zivilisation. D.h. Arbeit ist wesentlich „Tätigsein für Andere" und nicht „Tätigsein gegen Geld".

Anmerkungen:

Die Alltagssprache verbindet den Begriff "Arbeit" nicht primär mit "Erwerbsarbeit", sonst wären Begriffbildungen wie "Denkarbeit", "Beziehungsarbeit", oder "Hausarbeit" – die nichts mit dem Broterwerb zu tun haben – nicht so häufig. Wollte man aus der Alltagsssprache einen empirischen Bedeutungskern herausfiltern, dann wäre Arbeiten wohl als ermüdende Tätigkeiten zu sehen, die Menschen oft mehr aus Pflicht / Notwendigkeit denn aus persönlicher Neigung verrichten, und die sie oft längerdauernd oder wiederkehrend beschäftigen.

Wenn man diesem Gedanken folgt, dann stößt man auf das Thema der Motivation. Was motiviert Menschen zu Arbeiten, die nicht der Erfüllung eigenen Bedürfnissen dienen, und die nicht vorwiegend freudvoll, sondern eher ermüdend sein können? Wenn die Bezahlung als ausgleichende Motivation ausfällt? – Das Wort "Freiwilligkeit" kann dafür nur ein Label liefern, aber keine zufriedenstellende Erklärung. – Kurz behauptet: die Arbeiten werden im größeren Zusammenhang von Beziehungen übernommen – zu Einzelmenschen, Gruppen bzw. Gemeinschaften, im Rahmen der Gesellschaft oder der Natur / Schöpfung – , weil sie notwendig für dieses größeren Systeme und daher sinnvoll sind, und damit dem eigenen Dasein eine Portion "Sinn des Lebens" zuführen. Der oder die

Freiwillige kann zwar stark genug sein, diesen Dienst aus der Eigenwahrnehmung zu motivieren und aufrechtzuerhalten; es ist aber sicher leichter und schöner, wenn es zu sozialen Handlungen durch Nutznießer und die umfassende Gemeinschaft kommt, die als Dank - Zuneigung - Anerkennung - Wertschätzung - Unterstützung - Förderung etc. ankommen und den Freiwilligen neue Energien geben. Immanuel Kant: „[...betroffene Personen...] nicht bloß als Mittel zu einem anderen Zweck, sondern auch als Zweck an sich [...]".

Wollte man die begriffliche Auseinandersetzung weiter treiben, so müsste man zu den kulturellen Wurzeln unseres Denkens, der antiken griechischen Philosophie zurückgehen. Hier hat unser Denken der Welt – als Ansammlung von Objekten mit Eigenschaften – und die Tradition diese Objekte kategorial, in genealogischen Baumstrukturen, zu ordnen, bei Aristoteles seinen verschriftlichten Ursprung. Üblicherweise wird dem Gesamtwerk des Aristoteles eine pädagogische Einführung vorangestellt: die Isagoge des römischen Gelehrten Porphyrius, der 800 Jahre nach Aristoteles dessen Denken dazu auf den Punkt gebracht hat.

Hier wird eine Unterscheidung von Eigenschaften in kategorienbildende differencia, eigentümliche propria und eher temporäre accidencia zur Grundlage gemacht. Eine verlorene Kunst, die hier aus Platzgründen nicht eingesetzt wird, die aber im Kampf um die Sprache bemühbar wäre, wenn jemand auf "Arbeit ist Erwerbsarbeit" bestehen sollte.

Freiwilligenarbeit bedeutet also einfach: Freiwilliges (unentgeltliches bzw. uneigennütziges, dauerhaftes, qualitätvolles) Tätigsein für Andere und ist als etwas Natürliches und Wertvolles zu verstehen.

6.3 Prinzipien der Mustertheorie und Gestaltungsethik

Aus Gründen der nötigen Kompaktheit werden hier in diesem Abschnitt des Beitrages, die bei der Argumentation eingesetzten Prinzipien der Mustertheorie und Gestaltungsethik nur in aller Kürze angeführt und erklärt, wobei aber verdeutlichende Beispiele nicht zu kurz kommen sollen.

- Sprache erscheint in der Mustertheorie als ein Kultur - Produkt, ein Gestaltungs - Ergebnis. Sprache erscheint dabei weder von Gott gegeben noch absolut in Form und Inhalt. Sprache erscheint auch als

Vielfalt von Sprachen. Sprachen entwickeln sich ständig, sind letztlich – mit dem Menschen gemeinsam - Teil der umfassenderen biologischen Evolution. Bei der Entwicklung von Sprache können wir – wie bei fast jeder Gestaltung – unbewusste (nicht - intentionale) und bewusste (intentionale) Muster und Aspekte unterscheiden. Teil der Musterforschung ist es, unbewusste Muster ins Bewusstsein zu bringen, ihnen dabei möglichst gute Namen zu geben, und sie dadurch der Kommunikation und Vermittlung zugänglich zu machen. Mustertheorie, mit ihren Hauptelementen Muster und Mustersprachen, richtet sich wesentlich auf die Wissensvermittlung. Man kann es als Gebot formulieren: „[Wenn du ein hervorragender Gestalter werden oder sein willst, dann] Teile dein Wissen!" ... und nicht nur den Mantel (damit der Andere nicht friert) oder das Brot (damit der Andere nicht hungert). Die biblische Connotation sei explizit.

- Freiheit - primär Gestaltungsfreiheit, das Wissen um die vorhandenen Möglichkeiten, und die Kompetenz die Möglichkeiten/ Potenziale in Realität umzusetzen ... Anschluss an die formelle Mustertheorie mit ihren Hauptformen: Problem - Lösungs - Muster - Beschreibungen und Sammlungen von Muster - Beschreibungen zu Mustersprachen. Mehr Muster zu beherrschen bedeutet mehr Handlungsmöglichkeiten und damit mehr Freiheiten zu haben.

- Liebe - die Wertschätzung und Hinwendung zu Anderen, das Zeithaben für ..., das Sorgen um ..., das Geben und Nehmen in lebendigen Beziehungen, das sich gemeinsam Entwickeln - Entfalten - Wachsen, die Auflösung der Grenze zwischen dem Ich und Anderen, die Angstlosigkeit im Angesicht des Anderen. In Gestaltungssituationen ist Liebe die fast unerschöpfliche Energiequelle, die uns erlaubt – gegen mögliche Hindernisse und Mühsal – "dran" zu bleiben.

- Was ist Leben? - Christopher Alexander's "theory of centers": Leben ist ein Phänomen, bei dem alle teilnehmenden Elemente (Zentren, engl. centers) nur dadurch zu dem gemeinsamen Prozess Leben kommen, indem sie sich gegenseitig unterstützen ('centers that support each other'). Nichts kann ohne tausenderlei anderes Leben sein. Daraus folgt der Respekt vor allem Leben, die Verantwortung für die Natur schlechthin. ... Albert Schweitzer's „Ich bin Leben, das leben will, inmitten von Leben, das leben will." Diese gegenseitige Unterstützung ist der wesentliche Aspekt beim Gestalten mit Mustern, bei der Auswahl und Ausgestaltung von Mustern.

- Lebendigkeit - Die Eigenschaft von lebendigen – nicht ausschließlich biologischen – Systemen: Die lebendige Stadt, die lebendige Beziehung, Der lebendige Dialog, das lebendige Gespräch, die lebendige Gemeinschaft, der lebendige Unterricht, die lebendige Geschichte, das lebendige Spiel, die lebendige Musik, die lebendige Kirche, der lebendige Gott. Lebendigkeit: Eine graduelle Eigenschaft, die intuitiv als ultimative Qualität verstanden werden kann, und die auch beim Gestalten als Leitlinie und Maßstab dienen kann und soll.
- Sinnhaftigkeit - Goethe sagt: „Der Sinn des Leben ist das Leben selbst". Vielleicht: Das Leben zu verstehen, Teil des Lebens / der Schöpfung zu sein und zur Entfaltung aller und zur eigenen Entfaltung beizutragen. Albert Schweitzer sagt: „Ich bin Leben, das Leben will, inmitten von Leben, das Leben will". Vielleicht: nach eigener innerer Stärke zu streben, und diese wohlwollend, gutmütig und unterstützend für alles Leben einzusetzen.
- Menschenbild: Der vielfältig - verbundene Mensch ("homo conexus") als Gegenentwurf zum "homo oeconomicus". „Jeder Mensch ist ein Gestalter – und Mit - Gestalter in hunderten von Kontexten." Ein solcher Mensch, der in seinem Leben ein gestalterisch - schöpferisches Potenzial entfaltet, kann – in Ausübung dieser dem Leben verpflichteten positiven Gestaltungsfreiheit – als potenzielles Ebenbild Gottes verstanden werden.

6.4 Werte und Tugenden der Mustertheorie und Gestaltungsethik

Aus den allgemeinen Prinzipien ergeben sich persönliche Haltungen und Verhaltensweisen, die im Einklang mit den Prinzipien stehen, und die immer wieder an den Zielen lebens- und lebendigkeitsfördernder Gestaltung gemessen, abgeglichen und verfeinert werden können.

- Wertschätzung der Vielfalt, Toleranz für das Andere und die Anderen, auch das Fremde. Leben ist nur in und durch Vielfalt möglich. Die

Vielfalt der Natur – mit Millionen unterschiedlicher Arten - ist ein Modell und Vorbild für die Vielfältigkeit kultureller Formen und beruflicher Spezialisierungen (siehe oben: Arbeitsteilung; private Kommunikation: DICHATSCHEK spricht von 20.000 Berufen)

- Großzügigkeit, die Fähigkeit und Praxis des Teilens. Nicht nur für Essen oder Kleidung, sondern auch für moderne Güter wie "Raum", "Sprache" oder "Wissen". Eigentum als kulturelles Muster, als Artefakt – Bedeutung, Grenzen und Transzendenz des Eigentumsbegriffs.
- Gutmütigkeit, Friedlichkeit, Brüderlichkeit/Schwesterlichkeit. Gewalt, Krieg, das Recht des Stärkeren – sind kulturelle Anti-Muster, die es zu überwinden gilt. Vielleicht: „Wer von Gott spricht, der spricht von der Geschwisterlichkeit der Menschen".
- Egolosigkeit/Egoreduktion - Verbindung zu östlichem Denken, christlichem Denken. In der objektiven Wahrnehmung von Systemen zum Zwecke der gestaltenden Beeinflussung muss das persönliche Vorteilsinteresse aus der Gestaltungs-Situation herausgenommen werden.
- Aufmerksamkeit-Im-Jetzt-Fähigkeit, Achtsamkeit (Verbindung zu östlichem Denken, christlichem Denken). Die ideale Wahrnehmung und das ideale Zuhören verlangt ein Einlassen auf das Hier-und-Jetzt jenseits von Bildern der Vergangenheit und der Zukunft, jenseits von Theorien und Ideologien.
- Blick auf das Ganze, Gefühl für das Ganze - systemisches Denken, Ganzheitlichkeit, Empathie und Einfühlungsvermögen, das Einnehmen verschiedener Perspektiven, Intuition. Gott als der Inbegriff des Ganzen.
- Offenheit für Partizipation - Viele Augen sehen mehr als Zwei – Annäherung an eine ganzheitliche Wahrnehmung durch die Integration vieler Perspektiven vieler Menschen. Möglichkeit der Teilhabe, des sich Einbringens, der Co-Kreativität und des Mit-Eigentums. Identifikation mit dem Gestaltungs-Prozess und den Gestaltungs-Resultaten durch Mit-Gestaltung.

6.5 Spezifische Exkurse

Weder Mustertheorie noch Gestaltungsethik können hier vollständig beschrieben werden. Deswegen erfahren hier einige Punkte bzw. Exkurse eine besondere 'Hervorhebung.

Mustertheorie und Gestaltungsethik können als zwei Seiten einer Medaille verstanden werden.

Im Kern steht das Leben, vor allem die menschliche Kultur, mit all ihren Prozessen der Gestaltung (des Werdens, der Veränderung, der Entfaltung, der Entwicklung, ...).

Im Detail geht es um Gestaltungsprozesse mit Gestaltungszielen (materiellen oder immateriellen Gütern).

Es geht um Kreativität in all ihren Erscheinungsformen, nicht zuletzt als Alltagskreativität. „Jeder ist ein Gestalter / Jede ist eine Gestalterin."

Die Gestaltungsprozesse werden von Gestaltern und Mitgestaltern (Beteiligten bzw. Betroffenen; engl. stakeholder) betrieben.

Muster (genauer: Gestaltungsmuster; auch: generische Muster, Problem - Lösungs - Muster, Grundmuster) erscheinen als die elementaren Einheiten von Gestaltungen; münden in strukturierte Beschreibungen des "Was?" "Warum?" und "Wie?"; sind Essenzen der Sinn- und Erwartungs-Zuschreibung, z.B. Was ist Demokratie? Warum Demokratie? Wie geht (eine lebendige) Demokratie?

Mustersprachen sammeln die relevanten Muster zu einem (Typ von) Gestaltungsziel

- z.B. Gestaltungziel sei ein Schulgebäude – also suchen wir: Eine Mustersprache (mit den Best - Practises) der Schularchitektur (die den Anforderungen bester Pädagogik das bestmögliche Umfeld bietet)
- Muster und Mustersprachen sind tendenziell fraktal bzw. rekursiv: d. h. jedes Muster kann in Teil - Muster untergliedert sein und diese wiederum in Unter - Teil - Muster usw. ...
- Gestaltungsethik formuliert die Leitlinien für die beteiligten Gestalter und Mit - Gestalter, sowie die gemeinschaftlichen „lebendigen"

Gestaltungsprozesse, damit die Gestaltungsziele optimal erreicht werden können.

- Weder Mustertheorie noch Gestaltungsethik verstehen sich als wesentlich "neu"; vielmehr als Synthese-Ergebnis und Bewusst-Machung des Besten aus Jahrtausenden menschlicher Kultur.
- Gestaltungsethik bezieht ihre Energie nicht aus einer externen Authorität mit Lohn oder Strafe, sondern aus der jedem Menschen möglichen Einsicht in die Zusammenhänge des Lebens, und dem natürlichen Wunsch jedes Menschen, das eigene Denken, Handeln, Gestalten, Leben zu einem fruchtbaren und glückbringenden Geschehen zu mache (man könnte sagen: Gestaltungsethik vermittelt keine extrinsische, sondern eine intrinsische Motivation).
- Interessant ist die fast vollständige Kongruenz mit vielen Kernaussagen des Christentums, sowie anderer Religionen und philosophischen Richtungen. Dies ist hier nur ansatzweise ausgeführt.

Bezüglich Mustertheorie wird auf das umfassende Lebenswerk Christopher Alexanders (ca. 16 Bücher, 200 Artikel) bzw. das Einführungsbuch „Mustertheorie: Auf den Spuren von Christopher Alexander" des Gastautors verwiesen. Die Gestaltungsethik befindet sich vorwiegend im Subtext des Lebenswerks. Dieser Beitrag kann als eine Anwendung eines im Werden befindlichen Buchs über Gestaltungsethik des Gastautors aufgefasst werden.

6.5.1 Gestalten als umfassender Begriff - Umrisse eines gemeinsamen Kulturerbes

Das Verb "gestalten" (engl. to design) wird in sehr breiter Bedeutung verwendet, er vertritt und abstrahiert beispielsweise das ... : Aufbauen, Ausbilden, Bauen, Bekämpfen, Coachen, Entfalten, Entscheiden, Entwickeln, Erziehen, Führen, (Gestalten), Heilen, Helfen, Improvisieren, Komponieren, Kreieren, Lehren, Lernen, Machen, Managen, Planen, Schöpfen, Schützen, Stärken, Reparieren, Therapieren, Trainieren, Transformieren, Unterstützen, Verändern, Verteidigen, Vorsorgen, Zusammenarbeiten ...

Für das Gestalten kommen z. B. folgende kreative Bereiche in Frage: Architektur, Bewusstsein & Geist & Psychologie, Bewegung & Tanz, Bildende Kunst & Grafik & Visualisierung, Bildung & Pädagogik & Didaktik & Erziehung

& Wissensvermittlung, Biologie & Organismen & Evolution, Denken & Philosophie, Demokratie & Staat, Ethik, Familie & Beziehungen, Friede & Verbundenheit & Harmonie, Gemeinschaft, Gestaltung & Entwicklung, Gesundheit, Handwerk, Humor, Innovation & Transformation & Veränderung, Journalismus & Medienprduktion, Katastrophenschutz, Kochen, Kommunikation & Dialog, Kultur & Werte, Mathematik & Logik, Medizin & Heilung & Therapie, Musik, Landwirtschaft, Lebenskunst, Recht & Gerechtigkeit & Rechtsprechung & Gesetzgebung, Religion & Theologie, Spiel, Sport, Sprache & Rhetorik, Story Telling & Literatur & Filmemachen, Strategie & Taktik & Heuristic, Symbole und Symbolisierung, Umwelt & Umweltschutz & Klimaschutz, Wirtschaft & Nachhaltigkeit, Wissenschaft & Forschung & Wissensproduktion, Zivilgesellschaft, ...

Dementsprechend bieten sich Kombinationen von obigen Verben und Bereichen/Teilbereichen an, um Mustersammlungen / Mustersprachen zu benennen, zum Beispiel:

- Muster des Komponierens von Musik
- Eine Mustersprache der Demokratie-Entwicklung / des Aufbaus von Demokratie
- Muster des Katastrophen-Schutzes
- Muster der Kinder-Erziehung
- Mustersprache für Konflikt-Transformation
- ...

Jedes Muster ist die Beschreibung einer Gestaltungsmöglichkeit, die bei Anwendung ein bestehendes System transformiert, um eine Eigenschaft oder Funktion erweitert, ein vorhandenes Problem löst oder einem Bedürfnis entgegenkommt.

Musterbeschreibungen bilden oft Kapitel von Büchern, oder werden als einzelne Fachartikel publiziert; Mustersprachen (oder: Mustersammlungen) erscheinen meist als Bücher.

Die oben aufgeworfene Vielfalt von kulturellen Mustern wurde vom Gastautor vorsichtig mit "mindestens 500.000" kalkuliert (Leitner, H. (2015). "A Bird's-Eye View on Pattern Research" in Baumgartner P., Sickinger R. (Eds.) (2015), PURPLSOC 2015 Conference Proceedings.

Diese wahrscheinlich mehrere Millionen kulturelle Muster bilden ein ein riesiges kulturelles Gemeingut auf dem jede gestaltende Handlung und jeder sinnvolle Gedanke beruht und das als gemeinsames Kulturerbe nur allen Menschen gemeinsam gehören kann.

6.5.2 Formelle und informelle Musterliteratur - Umrisse einer neuen Form von Kompetenzvermittlung

Die Musterforschung bevorzugt eine formelle Beschreibung von Mustern durch strukturierte Texte, z. B. Kapitel mit fixierter Gliederung wie

- Muster = { Muster-Name; Bild/Diagramm ; Kontext; Problem; Lösung; Kräfte/Zusammenhänge; Ausgangs-Situation; Resultierende-Situation; Beispiele; Quellen }
- Muster (John Vlissidis) = { Muster-Name; Was? ; Warum? ; Wie? }
- ... ca. 20 verschiedene Schemata/Gliederungen sind in Gebrauch

Musterbeschreibungen können in Forschungszusammenhängen wesentlich detailierter strukturiert werden (Pro und Kontra, Wirkungen und Nebenwirkungen, Input und Output, Indikationen und Kontraindikationen) oder für pädagogische Anwendungen oder besondere Zielgruppen vereinfacht und verkürzt werden (z. B. auf Seminarkarten). Forschungen zu einer "upper ontology" dieser 'Aspekte' von Musterbeschreibungen stehen noch aus.

Beispiele für formelle Musterliteratur:

- Alexander, C. et al. (1995). Eine Mustersprache: Städte, Gebäude, Konstruktion. Löcker Verlag, Wien.
- Gamma, E., Helm, R., Johnson, R., Vlissides, J. (1995). Design Patterns: elements of reusable object-oriented software. Pearson Education.
- Iba, T. (2014). Learning Patterns: A Pattern Language for Creative Learning. Iba Laboratory.

Andererseits kann die inhaltlich idente Muster-Information auch unstrukturiert, als informelle Geschichte oder Fließtext gegeben werden, ohne dass sich die Qualität der Information verringert. Sie kann dabei lesbarer und weniger akademisch wirken; es gibt jedoch weniger

Orientierung betreffend der enthaltenden Ordnungsprinzipien – jeder Leser, der an der Ordnung interessiert ist, müsste sie für sich rekonstruieren.

Beispiele für informelle Musterliteratur:

- Schuler, Douglas (2008). Liberating Voices: A pattern language for communication revolution. MIT Press.
- Schlechte, Thomas (2019). A Pattern Language for Composing Music. Independently Published.
- Riegel, Enja (2004). Schule kann gelingen. Wie unsere Kinder wirklich fürs Leben lernen. S. FISCHER.

Ob nun formell oder informell: In jedem Fall steht die zielorientierte Vermittlung von professionellem Erfahrungswissen im Mittelpunkt, als Basis für eine passive Kompetenz als Zwischenschritt für die angestrebte und in der Praxis auszuprägende aktive Kompetenz.

6.6 Refokusierung auf Freiwilligkeit und Freiwilligenarbeit

In einer stark ökonomisierten Welt wird Arbeit dadurch definiert und legitimiert, dass jemand bereit ist, sie zu bezahlen. Aber die Kaufkraft ist nicht immer dort, wo sie wünschenswert wäre. Empirisch kann man sehen: Die Märkte regeln bei Weitem nicht immer alles zum Besten.

In einer humanen Welt ist Arbeit eine Tätigkeit, die im Rahmen einer gesellschaftliche Arbeitsteilung für andere oder ein größeres Ganzes geleistet wird, weil sie sinnvoll ist. Sowohl Erwerbsarbeit als auch Freiwilligenarbeit können das Bedürfnis nach Sinnhaftigkeit erfüllen, müssen es aber nicht.

Der gesellschaftliche Diskurs kann zwischen humaner und ökonomischer Perspektive vermitteln, findet aber oft keinen Konsens oder hinkt Entwicklungen bzw. Notwendigkeiten hinterher.

Freiwilligenarbeit kann in einer stark ökonomisierten Welt auftretende Inhumanitäten abmildern – aber nur, wenn es die ethischen Haltungen und die geeigneten Rahmenbedingungen dafür gibt.

- Dazu gehört wesentlich unsere Sprache und darauf aufbauend unsere Denkmuster, als Grundlage unseres Handelns. Das ist auch Inhalt von Bildung und Erwachsenenbildung.

- Dazu gehören anschlussfähige Muster im Wirtschaftssystem bzw. Rechtssystem. Das sind etwa einige gemeinnützige Organisationsformen (vgl. wünschenswerte Erweiterungen analysiert u.a. Leitner, Thomas (2011). Grundlagen für das Gesellschaftliche Unternehmen. NWV Verlag).

Freiwilligenarbeit kann einerseits aus der Sicht der jeweiligen Person beschrieben werden. Es geht dann um einen persönlichen Lern- und Entwicklungsprozess, in der Leistungserbringung und in der Beziehung zu einem bestehenden oder sich ebenfalls entwickelnden sozialen Umfeld.

Freiwilligenarbeit kann andererseits aus der Sicht der häufig entstehenden gemeinnützigen bzw. sozialen Organisation beschrieben werden. Dann geht es um die Entwicklung und den Lebenszyklus der jeweiligen Gemeinschaft und ihrer Selbstorganisation, um gemeinsame Erfolge und Krisen im Team, sowohl in der Leistungserbringung als auch im Außenverhältnis zu den anderen Organisationen des gesellschaftlichen und kommunalen Umfelds.

6.6.1 Freiwillige als Einzelne

Wie kommt der Freiwillige zur Freiwilligenarbeit?

- z. B. durch ein Initiierungserlebnis, das via Empathie oder Empörung zu persönlicher Betroffenheit und zur Erkenntnis "da muss ich etwas tun" führt
- z. B. durch einen wichtigen Menschen, der mitnimmt, in eine Situation oder eine Gemeinschaft, die stark genug ist, dieses "etwas tun wollen" auszulösen

So kann die Freiwilligenarbeit beginnen.

Dann kann

- das Feuer erlöschen oder
- ein Schritt gibt den anderen, erste Erfolge bestärken, und ein Weg des Engagements und des Lernens beginnt.

6.6.2 Gemeinnützige Organisationen

Wenn es nicht genügt, dass Einzelne Freiwilligenarbeit leisten – wenn etwa die Aufgabe für einen Einzelnen zu groß ist – dann liegt es nahe, Mitstreiter zu suchen und sich zu organisieren.

Das kann zunächst die Selbstorganisation einer informellen Gruppe sein, offen und egalitär, mit Beteiligten auf Augenhöhe, aber damit stößt man rasch an Grenzen. Der nächste Schritt – oft unbeliebt aber fast unvermeidlich – ist die Gründung eine formellen Organisation, die als Rechtsperson z. B. etwas in gemeinsamem Eigentum haben, und auch kaufen, mieten, einen Vertrag abschließen, und vor allem Förderungen bekommen kann.

Verschiedene Organisationsformen (Vereine, [Kapital-] Gesellschaften, Stiftungen, Genossenschaften) können in Statuten oder anderen Gründungsdokumente als gemeinnützig deklariert werden und dienen dann nicht wirtschaftlichen sondern ideellen Zwecken und genießen Steuerfreiheit. Damit sind sie relativ gut geeignet, Freiwilligenarbeit zu organisieren.

Vereine sind die einfachste und preisgünstigste dieser Organisationsformen, Gesellschaften sind erheblich aufwendiger zu errichten und teurer im Betrieb, Stiftungen sind nochmal eine Stufe darüber.

Im Grunde sollte es Teil der Allgemeinbildung sein, zu wissen, wie die wichtigsten Organisationsformen funktionieren, wie man sie gründet, und was man in welcher Situation und für welchen Zweck am besten einsetzt. Auch wenn man nicht gründet, sondern nur Teil eines Vereins oder einer Firma ist, wäre es gut, ein Grundwissen über Struktur, Funktion und die eigenen Möglichkeiten und Rechte darin zu haben.

Zumindest wäre das ein schönes Thema für die Erwachsenenbildung. Diese Wissen ist auch für Profit wie Non - Profit gleichermaßen grundlegend und nur wenige Aspekte werden von dieser Unterscheidung tangiert.

Nur wenige Menschen/ Freiwillige haben dieses Grundwissen und das macht die Aufgabe der Freiwilligen schwieriger, egal ob sie nun selbst etwas in eine Organisation bringen wollen, oder ob sie z. B. als Teile einer neugeschaffenen Organisation funktionieren bzw. zusammenarbeiten sollen.

6.6.3 Freiwillige als Organisations - Gründer

Wenn Freiwillige außergewöhnliche Stärken mitbringen, können sie ihre Vorstellungen als Führungsfigur der von ihnen gegründeten Organisation verwirklichen. Beispiele:

- Hermann Gmeiner - SOS Kinderdorf – verwaisten Kindern ein Zuhause geben

- https://de.wikipedia.org/wiki/SOS-Kinderdorf

- Karlheinz Böhm - Menschen für Menschen – Entwicklungshilfe für Äthiopien
  - https://de.wikipedia.org/wiki/Menschen_fÃ¼r_Menschen

6.6.4 Gemeingut - Projekte und Commons - Bewegung

Gemeingüter waren und sind (teilweise heute unter dem engl. Begriff "Commons") eine wichtiges Element unserer Gesellschaften / Staaten.

Freiwilligenarbeit und gemeinnützige Organisationen bilden sich oft rund um bestehende oder als notwendig wahrgenommene Gemeingüter, ihre Schaffung, ihren Erhalt oder ihren Schutz.

- Alpenverein - Die Alpen bewahren und den Menschen zugänglich machen - https://de.wikipedia.org/wiki/Alpiner_Verein#Alpenverein
  - besteht seit über 150 Jahren, 100.000+ km Wege, 1000+ Hütten, über 1.8 Mio Mitglieder in 8 Staaten
  - Gemeingut: Der Naturraum Alpen
  - Freiwilligenarbeit: lokale Vereinsarbeit, Wegeerhaltung (Ausmaß abklären?)
- Rotes Kreuz - Bei Unfällen / Notfällen wird jeder raschestmöglich gerettet - https://de.wikipedia.org/wiki/Ã–sterreichisches_Rotes_Kreuz
  - Teil der Internationalen Rotkreuz- und Rothalbmond - Bewegung. In Österreich institutionalisiert/ geschützt durch das Rotkreuzgesetz.
  - Gemeingut: Rettungsdienst (und mehr) für alle
  - Freiwillige: Fahrer, Ärzte und Helfer (und -innen)
- Wikipedia - Das Wissen der Welt für alle frei verfügbar - https://de.wikipedia.org
  - https://de.wikipedia.org/wiki/Geschichte_der_Wikipedia
  - Gemeingut: Eine Enzyklopädie, von zehntausenden Autoren geschrieben und gewartet

- Freiwillige: die Autoren (und -innen)

Teil des Diskurses ist die Frage, inwieweit ungeschützte Güter wie das Weltklima oder Regenwälder durch eine Deklarierung und Behandlung als Gemeingüter besser bewahrt werden können.

Teil des Commons - Narrativs ist die abzuwehrende Einhegung von Gemeingütern durch Verwandlung in Privateigentum, meist mit dem Argument (Commons - Perspektive: dem Vorwand), dass die privatwirtschaftliche Nutzung bzw. private Bewirtschaftung effizienter und damit letztlich für alle Teile der Gesellschaft der bessere Weg wäre.

Die private Abwirtschaftung von Infrastrukturen (Wasserversorgung in Frankreich, Eisenbahnen und Öffis in den USA, Gesundheitssysteme in vielen Ländern) scheint – speziell am Realitäts - Check der Corona - Krise 2020 – deutlich gegen diese privatwirtschaftliche Rhetorik zu sprechen.

6.6.5 Andere Organisationstypen mit Freiwilligenarbeit und -management

Es gibt Organisationen, die man als gemeinnützige Organisationen auffassen könnte, die aber einen rechtlichen Sonderstatus mit teilweise beträchtlichen Privilegien haben, und die in einer Typologie außerhalb stehen. Dazu gehören z. B. anerkannte Religionsgemeinschaften und auch demokratische Parteien.

- Religionsgemeinschaften
    - Hauptamtliche: Geistliche, Theologen, höhere Würdenträger, etc.
    - Mitglieder: Beiträge bzw. Kirchensteuern, Spenden
    - Freiwilligenarbeit: Mitgestaltung von Veranstaltungen, soziale und systemerhaltende Arbeit in den Gemeinden

- Parteien
    - Hauptamtliche Funktionäre: Politiker, Geschäftsführer, Parteiangestellte, etc.
    - Mitglieder: Beiträge, Parteiabgaben, Spenden, Reservoir für Funktionäre
    - Freiwilligenarbeit: Mitgliederwerbung, Wahlwerbung

Beide Arten von Organisationen sind von starken Hierarchien geprägt, die den Freiwilligen in ihren starren Rollen wenig Raum für substanzielle

Mitgestaltung, Eigeninitiative oder Eigenentwicklung lassen. Freiwillige müssen damit zufrieden sein, in ihrer kleinen Rolle, dazu zu gehören, Teil einer weltanschaulichen Gemeinschaft zu sein.

Beide Arten von Organisationen besitzen aber eine Tradition von Teil- und Vorfeldorganisationen, in denen Freiwillige unter Umständen mehr Gestaltungsfreiraum und Entwicklungsmöglichkeiten finden können.

6.6.6 Idealität und Nicht - Idealität

Alles Leben ist durch Nicht - Idealität gekennzeichnet. Das trifft auch auf Menschen und Organisationen zu.

Idealtypische Verhältnisse, Situationen oder Modelle zu beschreiben, bedeutet nicht, blauäugig naiv zu sein in Bezug auf die Grauwerte, die in der Realität jederzeit auftauchen können.

Die Idealtypen sind jedoch als Referenzsysteme wichtig, weil sie dazu verwendet werden können, reale Menschen, Organisationen und Geschehnisse an ihnen zu messen.

Gerade in Krisen oder Momenten des Versagens sind konstitutive Texte – Verfassungen von Staaten, Statuten von Vereinen oder kanonische Texte bzw. heilige Schriften – geeignet, sich an ihnen zu re - orientieren und neue Ausgangspunkte für die weitere gemeinsame Arbeit und Entwicklung zu finden.

6.7 Zusammenfassung

Im Mainstream heutiger Weltwahrnehmung ist die Freiwilligenarbeit etwas Randständiges und Prekäres, fast Mitleid erregend. „Warum macht er/ sie das nur?", „Es bringt ihm/ ihr doch nichts!", „Aber wir wollen das doch in die richtige Richtung lenken, zum Vorteil der Gesellschaft (oder unserem).".

In der Mustertheorie und Gestaltungsethik ist es anders herum. Die Freiwilligenarbeit erscheint im Ideal als die von persönlichen Egoismen und Vorteilsnahmen befreite Arbeit/Tätigkeit für das Gemeinwohl/Gemeingut, den Nächsten oder das größere Ganze, also für das was wirklich sinnhaft ist, was der Welt gerade abgeht, um eine lebendigere und bessere Welt zu sein.

Wenn es ein Freiwilligenmanagement geben darf und soll, dann nur in der Haltung von Respekt und Wertschätzung, dass Menschen bereit sind und die

Kraft haben, ihre begrenzte Existenz zu tranzendieren und für Andere oder das Ganze da zu sein, ohne dabei primär den eigenen Vorteil anzustreben und sich durch ein Vorteilsdenken im Handeln bzw. den Tätigkeiten einengen zu lassen.

Respekt und Wertschätzung werden besonders glaubwürdig, wenn diese öffentlich ausgedrückt und von nachhaltiger Unterstützung begleitet werden.

Es gibt viele Möglichkeiten, dies zu tun. Alltägliche Beispiele sind die Bereitstellung von Ressourcen/ Sachmitteln oder die Weiterbildung/ Qualifizierung der Beteiligten; weniger alltäglich sind Auszeichnungsverleihungen oder die Institutionalisierung als Teil des Staates.

Literaturverzeichnis

Angeführt sind jene Titel, die für den Beitrag verwendet und/ oder direkt zitiert werden.

Arnold R. - Nuissl E. - Rohs M. (2017): Erwachsenenbildung. Eine Einführung in Grundlagen, Probleme und Perspektiven, Baltmannsweiler

Arnold R. - Lermen M. (2005): Lernen, Bildung und Kompetenzbildung - neuere Entwicklungen in Erwachsenenbildung und Weiterbildung, in: Wiesner G. - Wolter A.(Hrsg.): Die lernende Gesellschaft. Lernkulturen und Kompetenzentwicklung in der Wissensgesellschaft, Weinheim-München, 45-59

Baur J. - Braun S. (Hrsg.) (2003): Integrationsleistungen von Sportvereinen als Freiwilligenorganisationen, Aachen

Beher K. - Liebig R. - Rauschenbach Th. (2000): Strukturwandel des Ehrenamts. Gemeinwohlorientierung im Modernisierungsprozess, Weinheim-München

Biedermann C. (2012): Freiwilligenmanagement: Die Zusammenarbeit mit Freiwilligen organisieren, In: Rosenkranz D. -Weber A.(Hrsg.): Freiwilligenarbeit. Einführung in das Management von Ehrenamtlichen in der Sozialen Arbeit, Weinheim - Basel, 57-66

Braun S. (2011): Ehrenamtliches und freiwilliges Engagement im Sport. Sportbezogene Sonderauswertung der Freiwilligensurveys von 1999, 2004 und 2008, Köln

Breit - Keßler S. - Vorländer M. (2008): Ehrenamtliche in der Kirche - Wiederentdeckung - Zusammenarbeit - Begleitung, in: AMT und GEMEINDE Heft 11/12 2008, 227-237

Brödel R. (2006): Bürgerschaftliches Engagement und Weiterbildung, in: Report - Zeitschrift für Weiterbildungsforschung 3/2006, 70-78

Coenen - Marx C. (2011): Kirche, in: Olk Th. (Hrsg.): Handbuch Bürgerschaftliches Engagement, Weinheim, 257-265

Dichatschek G.(2012/2013): Ehrenamtlichkeit in der Erwachsenenbildung, in: AMT und GEMEINDE Heft 4 2012/2013, 688-692

Dichatschek G. (2015): Sozialmanagement - Praxis: Mitarbeiter (innen) führung von Ehrenamtlichen in der Arbeit des "Evangelischen Bildungswerks in Tirol"- Eine Fallstudie, Saarbrücken

Dichatschek G. (2017): Didaktik der Politischen Bildung. Theorie, Praxis und Handlungsfelder der Fachdidaktik der Politischen Bildung, Saarbrücken

Dichatschek G. (2018a): Lernkulturen der Erwachsenen- bzw. Weiterbildung. Ein Beitrag zu Theorie, Praxis und handlungsspezifischen Herausforderungen im Kontext mit Politischer Bildung, Saarbrücken

Dichatschek G. (2018b): Theorie und Praxis Evangelischer Erwachsenenbildung. Evangelische Erwachsenenbildung bzw. Weiterbildung und Religionslehrerbildung in Österreich - Politische Bildung, Saarbrücken

Ebertz M.N. (1986): Gewinnung und Einbindung Ehrenamtlicher als Problem helfender Organisationen in: Boll Fr. (Hrsg.): Ehrenamt und Selbsthilfe, Freiburg i, Br., 142-162

Eigentmeyer R. (2012): Akademische Professionalisierung in der Erwachsenenbildung, Baltmannsweiler

Eschenbach R. - Horak Chr. - Weger A. (Hrsg.) (1993): Die Zukunft der Evangelischen Kirche in Wien. Ein Managementkonzept für eine Non - Profit - Organisation, Wien

Europäische Kommission (2000): Memorandum über lebenslanges Lernen. Einen europäischen Raum des lebenslangen Lernens schaffen, Brüssel/21.11.2001, Bundesministerium für Bildung, Wissenschaft und Kultur, Wien 2001

Europäische Kommission (2006): Mitteilungen der Europäischen Kommission. Erwachsenenbildung: man lernt nie aus, Brüssel/23.10.2006, KOM(2006)614

Faustich P.-Zeuner C. (2008): Erwachsenenbildung. Eine handlungsorientierte Einführung, Weinheim-München

Fleige M. (2011): Lernkulturen in der öffentlichen Erwachsenenbildung. Theorieentwickelnde und empirische Betrachtungen am Beispiel evangelischer Träger, Münster

Gensicke T. (2007): Lernen und Weiterbildung älterer Menschen im bürgerschaftlichen Engagement. Ergebnisse des Freiwilligensurveys, in: Kaiser M.(Hrsg.): Studium im Alter - eine Investition, in Zukunft?, Münster - New York -München, 63-73

Gruber E. - Lentz W. (2016): Erwachsenen- und Weiterbildung Österreich, Bielefeld

Gruber E. - Wiesner G. (Hrsg.) (2012): Erwachsenenpädagogische Kompetenzen stärken. Kompetenzbilanz für Weiterbildner/innen, Bielefeld

Habeck S.A. (2015): Freiwilligenmanagement, Exploration eines erwachsenenpädagogischen Berufsfeldes, Wiesbaden

Hohmann R. (2007): Professionalität und institutionelle Kultur, in: Heuer U.-Siebers R.(Hrsg.): Weiterbildung am Beginn des 21. Jahrhunderts, Münster-New York-München-Berlin, 130-134

Holzer D. (2017): Weiterbildungs - Widerstand. Eine kritische Theorie der Verweigerung, Bielefeld

Huber W. (1998): Kirche in der Zeitenwende. Gesellschaftlicher Wandel und Erneuerung in der Kirche, Gütersloh

Hufer Kl. - P. (2007): Politische Bildung in der Erwachsenenbildung, in: Sander W. (Hrsg.): Handbuch politische Bildung, Bundeszentrale für politische Bildung, Schriftenreihe Bd. 476, Bonn, 300-311

Hufer Kl.- P. (2016): Politische Erwachsenenbildung. Plädoyer für eine vernachlässigte Disziplin, Bundeszentrale für politische Bildung, Schriftenreihe Bd. 1787, Bonn

Jütting D. (Hrsg.) (1992): Situation, Selbst Verständnis, Qualifizierungsbedarf. Nicht - hauptberufliche Mitarbeiter und Mitarbeiterinnen in der Deutschen Evangelischen Arbeitsgemeinschaft für Erwachsenenbildung, Frankfurt/ M.

Kegel T. (2011): Freiwilligenmanagement, in: Olk Th. (Hrsg.): Handbuch Bürgerschaftliches Engagement, Weinheim, 595-610

Kraft S. (2011): Berufsfeld Weiterbildung, in: Tippelt R. - von Hippel A. (Hrsg.): Handbuch Erwachsenenbildung/ Weiterbildung, Wiesbaden, 405-426

Leitner H. (2007/2016): Einführung und Perspektiven auf den Spuren von Christoph Alexander, Graz

Nolda S . (2008): Einführung in die Theorie der Erwachsenenbildung, Darmstadt

Olk Th. - Hartnuß B. (Hrsg.) (2011): Handbuch Bürgerschaftliches Engagement, Weinheim

Rauschenbach Th. - Zimmer A. (Hrsg.) (2011): Bürgerschaftliches Engagement unter Druck? Analysen und Befunde aus den Bereichen Soziales, Kultur und Sport, Opladen

Reifenhäuser C. - Hoffmann S.G. - Kegel T. (2009): Freiwilligen - Management, Augsburg

Rosenkranz D. - Weber A. - Möhringer A .(Hrsg.) (2002): Freiwilligenarbeit. Einführung in das Management von Ehrenamtlichen in der Sozialen Arbeit, Weinheim

Roß P. - St. (2010): Warum freiwilliges Engagement (wieder) ein Thema ist, in: Hanusa N. - Hess G. - Roß P.- St. (Hrsg.): Engagiert in Kirche. Ehrenamtsförderung durch Freiwilligenmanagement, Stuttgart - Schriften der

Evangelischen Hochschule Ludwigsburg Diakonie, Religionspädagogik 9/2010, 10-46

Schumacher J.- Stiehr K. (2002): Handbuch für die Freiwilligenarbeit von und mit älteren Menschen. Ergebnisse des Projekts "Seniorengerechte Rahmenbedingungen für das soziale Ehrenamt", Stuttgart - Marburg - Erfurt

Siebert H. (2012): Lernen und Bildung Erwachsener, Bielefeld

Stricker M. (2011): Ehrenamt, in: Olk Th.(Hrsg.). Handbuch Bürgerschaftliches Engagement, Weinheim, 163-171

Thome M. (Hrsg.) (1998): Theorie Kirchenmanagement. Potentiale des Wandels, Bonn

Walk H. (2012): Neue Studiengänge zum Bürgerschaftlichen Engagement - Eine kurze Bestandsaufnahme zur Bedeutung des Themas an den Hochschulen, in: Newsletter Wegweiser Bürgergesellschaft 3/2012, 1-6

Wallraff B. (2010): Professionelles Management von Ehrenamtlichen. Eine empirische Studie am Beispiel von Greenpeace Deutschland, Opladen - Farmington Hills

Wittpoth J. (2006): Einführung in die Erwachsenenbildung, Opladen Farmington & Hills

Wittpoth J. - Krüger H. - H. (2009): Einführung in die Erwachsenenbildung, Opladen

Zimmer A. (2011): Bürgerschaftliches Engagement unter Druck? Eine Einleitung, in: Rauschenbach Th. - Zimmer A. (Hrsg.): Bürgerschaftliches Engagement unter Druck? Analysen und Befunde aus den Bereichen Soziales, Kultur und Sport, Opladen, 11-28

Zimmer A. - Freise M. (2003): Personalmanagement in Non-Profit-Organisationen, in: Lange W. - Hunger U.(Hrsg.): Wohlfahrtsverbände im Wandel. Qualitätsmanagement und Professionalisierung, Münster, 107-136

Zimmer A. - Nährlich S. (Hrsg.) (2000): Engagierte Bürgerschaft. Traditionen und Perspektiven, Opladen

IT -Autorenbeiträge

Die Autorenbeiträge dienen der Ergänzung der Thematik.

Netzwerk gegen Gewalt

http://www.netzwerkgegengewalt.org > Index:

Erwachsenenbildung

Diakonisches Lernen und Lehren

Politische Bildung

Altersbildung

Personalentwicklung

Fernstudium

Ethik

EPALE - E - Plattform für Erwachsenenbildung in Europa

https://ec.europa.eu/epale/de/resource-centre/content/netzwerk-gegen-gewalt (31.3.20)

Zum Autor

APS - Lehramt (VS - HS - PL 1970, 1975, 1976), zertifizierter Schülerberater (1975) und Schulentwicklungsberater (1999), Mitglied der Lehramtsprüfungskommission für die APS beim Landesschulrat für Tirol (1993-2002).

Absolvent Höhere Bundeslehranstalt für alpenländische Landwirtschaft Ursprung - Klessheim/ Reifeprüfung, Maturantenlehrgang der Lehrerbildungsanstalt Innsbruck/ Reifeprüfung - Studium Erziehungswissenschaft/ Universität Innsbruck/ Doktorat (1985), 1. Lehrgang Ökumene - Kardinal König Akademie/ Wien/ Zertifizierung (2006); 10. Universitätslehrgang Politische Bildung/ Universität Salzburg - Klagenfurt/ MSc (2008), Weiterbildungsakademie Österreich/ Wien/ Diplome (2010), 6. Universitätslehrgang Interkulturelle Kompetenz/ Universität Salzburg/ Diplom (2012), 4. Interner Lehrgang Hochschuldidaktik/ Universität Salzburg/ Zertifizierung (2016) - Fernstudium Grundkurs Erwachsenenbildung/ Evangelische Arbeitsstelle Fernstudium, Comenius - Institut Münster/ Zertifizierung (2018), Fernstudium Nachhaltige Entwicklung/ Evangelische Arbeitsstelle Fernstudium, Comenius - Institut Münster/ Zertifizierung (2020).

Lehrbeauftragter Institut für Erziehungs- bzw. Bildungswissenschaft/ Universität Wien/ Berufspädagogik - Vorberufliche Bildung VO - SE (1990-2011), Fachbereich Geschichte/ Universität Salzburg/ Lehramt Geschichte - Sozialkunde - Politische Bildung - SE Didaktik der Politischen Bildung (2026-2017).

Mitglied der Bildungskommission der Evangelischen Kirche Österreich (2000-2011), stv. Leiter des Evangelischen Bildungswerks Tirol (2004 - 2009, 2017 – 2019).

Kursleiter der VHSn Salzburg Zell/ See, Saalfelden und Stadt Salzburg/ "Freude an Bildung" - Politische Bildung (2012 – 2019).

✉ MAIL dichatschek (AT) kitz.net

Printed by Books on Demand GmbH, Norderstedt / Germany